U0886445

读有所得

中共湖南省委宣传部 指导
《读有所得》编辑部 编

129

湖南文艺出版社

目 录

特别推荐

百年风华

古 典

新经典

边走边读

书 香

艺术欣赏

党史学习教育如何沉浸传播

◎ 薛念文

沉浸式传播依靠新技术带来了传播方式的革新，呈现了强烈的融合性特质。沉浸传播将媒介与人更紧密地融为一体，使得媒介不再局限于传统意义上的传播时间与空间维度，身体、感官、技术和媒介的交互将成为常态，传播作为一种有意识、有目的的社会行为，在对信息采集、组织、编码以及构思、编辑、整理、传输、接收、解析中构建一个信息传播交流链条。沉浸传播中，人与环境的全面媒介化使得信息的传输从单向传播变成普遍互联，人既是信息的发送者，也是信息的接收者。人对信息接收的内在需要被激发，传统的单向传播变成以人为中心的放射性传播，传播对象与传播环境浑然一体。在党史学习教育活动中的数据传播人既接收信息，也反馈感受，学习兴趣由此得以激发，人与媒介高度融合，人体得以延伸。在党史学习教育中引入沉浸传播适应了新时代大众需求，通过主体与媒介的高度互联，沉浸传播提升了党史学习教育的吸引力，丰富了党史教学的表现方式，党史学习主体通过沉浸传播与媒介环境全面融合。

沉浸传播中人通过媒介得以延伸，但是沉浸传播的定制化技术禁锢了人的主动性。当学习个体陷入沉浸媒介的定制化技术，就可能会陷入全景禁锢中。过多应用沉浸传播就会忽视真实的社会生活，形成“媒介依赖症”，沉浸传播背景下定制化技术强化了人的某种倾向。传播学在新技术的支持下使“选择性接触”成为可能，人的某种向度得以强化，造就了单向度的人。沉浸传播中信息无处不在，人们往往倾向于依赖媒介来降低信息获取的成本，而过度依赖媒介环境的人就十分容易成为“沉浸人”。媒介通过用户数据来了解“沉浸人”的需求偏好及行为特点，推送符合其需求的信息。这种为用户“定制”的服务技术，会主动迎合用户兴趣，使得“沉浸人”进入设定好的选择路径，不自觉地去跟随。这种定制化技术会强化“沉浸人”造成信息依赖，深陷信息茧房。在这种情景下，人获取新体验的冲动丧失，人沉浸于媒介塑造的“容器”，人的想象力、创造力遭到禁锢。

党史学习教育活动借助大数据、高速互联网以及物联网等提升传播效率，能够给人带来一种沉浸体验的快感，却也将人禁锢在某些历史事件发展的虚拟环境参与中。在大数据、互联网、虚拟现实技术的助推下，沉浸传播助推了单向度人的发展：人处于媒介勾画的虚假自由之中，成为深陷于互联网传播工具塑造的虚拟全景中的主体，人的活力和创造力渐渐消失，人的自我否定性意识、内容批判性意识和现实超越性意识这些创造性源泉受到削弱并逐渐消失，沉浸传播带来了越来越真实的“拟态环境”，而人则被禁锢在信息茧房中变得越来越没有主见，成为消磨了主体性的人。沉浸传播中，受众在党史学习中对信息的获取貌似是主动参与、主动获取，其实更多的是被动接收，沉浸传播使他们在学习中变成无选择被动接收的“容器”，人的主体性受到禁锢，与党史学习的初衷相背离。

党史学习教育活动的目标是学史明理、学史增信、学史崇德、学史力行，学习者要做到学党史、悟思想、办实事、开新局，学习者需要明确党史学习的目标、把握学习意义和学习内涵，提升学习个体的主体性。在党史学习教育中，学习者要改变“容器人”的角色，从被动接收媒介信息，转变为主动选择接收党史学习的内容，警惕沉浸传播的禁锢影响，清醒认识沉浸传播的局限性。

（标题为编者所拟，原题《党史学习教育中沉浸传播的关键因素》，文章有删节，选自人民论坛网2021年10月22日）

“走自己的路”的哲学基础

◎ 竭长光

习近平总书记在庆祝中国共产党成立100周年大会上的重要讲话中指出：“走自己的路，是党的全部理论和实践立足点，更是党百年奋斗得出的历史结论。”中国共产党强调“走自己的路”，既是百年奋斗的历史结论，也有着坚实的哲学基础。

从哲学方法论的角度看，走自己的路的依据在于理论必须与实际相结合。理论与实际相结合的观点是马克思主义认识论和唯物史观的重要内容。在关于社会历史领域问题的研究中，马克思主义之所以强调把理论与实际结合起来，是由社会科学的特点和特性决定的。作为社会科学的对象，社会存在物是具体的、历史的；其本质不是既定不变的，而是处于生成之中。社会存在物的这种特点决定了，社会科学中的理论具有如下性质：其一，由于社会存在物是具体的、历史的，因此，社会科学研究不仅需要遵循基本原理，也需要构建“具体真理”，即那种反映具体的研究对象在一定条件下所呈现出来的特殊规律的理论。马克思曾指出，对于经济生活而言，每个历史时期都有它自己的规律，因而经济学原理具有历史性和暂时性。反过来说，由于“具体真理”有着其特定的适用范围，因此，关于它们的运用也要结合具体的实际情况和实际条件。其二，在社会科学中，研究对象的本质的变化性决定了理论需要随着实际的变化而不断地与时俱进。其三，在社会历史领域，由于实际的具体性和历史性，因此，不同性质的理论对于实际的指导作用是不同的。正是由于社会科学中的理论的这些特点，决定了在社会历史领域关于实际的认识和改造必须从具体的实际出发，做到把理论与实际结合起来。

走自己的路之所以是中国共产党百年奋斗得出的历史结论，是与反对党内的“主观主义”密不可分的。与走自己的路不同的是，“走书本上的路”或“走别人的路”，前者可能导致“本本主义”，后者可能导致“经验主义”，而二者作为主观主义的两种表现，其共同点是都将认识与实际分离开来。处处强调本本是新民主主义革命时期党内一少部分人的特点。这些人虽然对马克思主义的经典本本比较熟悉，但却对中国的革命实际知之甚少。针对一些人在党内讨论中张口闭口强调“拿本本来”的教条主义做法，毛泽东同志指出，“马克思主义的‘本本’是要学习的，但是必须同我国的实际情况相结合。我们需要‘本本’，但是一定要纠正脱离实际情况的本本主义”。党内的本本主义和经验主义曾经给中国的革命和建设造成严重的危害。正是基于这些惨痛教训，中国共产党认识到既不能教条主义地对待“马克思主义的‘本本’”，也不能迷信他人的经验，而必须把理论、经验与中国的具体实际结合起来，走自己的路。

坚持走自己的路，把理论与实际结合起来，需要思想的解放和打破条条框框的勇气。在社会主义建设中引入商品经济曾经是列宁“新经济政策”的一大创举，可惜的是随着列宁的逝世，这一适应当时苏联经济状况的政策很快被废止了，取而代之的是单一的公有制经济。在中国社会主义建设初期的一段时间内，由于在经济体制上模仿苏联模式，人们恐谈商品经济，把商品经济本质性地与资本主义联系起来。出现这一状况的原因是多方面的，但是从方法论的角度看，则是被教条主义束缚住了手脚，导致了理论与实际相脱离。能否打破各种条条框框的限制，真正做到一切从实际出发，是摆在中国共产党人面前的一个大问题。最终，有着实事求是精神传统的中国共产党人以非凡的勇气毅然作出了在社会主义中国发展商品经济的决定，并走上了一条与本国国情相适应的有中国特色的社会主义建设道路。社会主义没有标准相，每一个社会主义国家都有自己的独特历史和特殊国情，都应该大胆探索出一条符合自己国家特色的社会主义发展道路。

（文章有删节，选自《光明日报》2021年9月27日）

《特别推荐》编选：龙昌黄

威扫敌倭青史留

◎聂力

1987年，在平型关战斗50周年之际，父亲聂荣臻赋诗一首："集师上寨运良筹，敢举烽烟解国忧。潇潇夜雨洗兵马，殷殷热血固金瓯。东渡黄河第一战，威扫敌倭青史留。常抚皓首忆旧事，夜眺燕北几春秋。"

2002年9月中旬，我和当年父亲身边的几位工作人员范济生、周均伦、陈克勤，以及父亲传记组成员王红云、我的秘书常红、表弟周继强等一起，组成老区"寻访组"，寻访父亲的战斗足迹。我们最先来到平型关，参观了当年八路军115师与日军板垣师团激战的十里长沟，以及115师师部所在地上寨镇、平型关大捷纪念馆等地方。沿途，当人们知道我是聂荣臻的女儿时，乡亲们热情地围上来，眼里闪着激动的光。父亲和林彪率部创造的平型关大捷，让当地的父老乡亲们自豪了一辈子。我觉得，那些朴实的乡亲，都把我当成了亲人，仿佛他们多少年以前就认识我。

平型关只是万里长城上的一个小小的关口，它的名气远远不如山海关、雁门关、嘉峪关等著名关隘。在1937年9月25日前，相信没有多少人知道它。

但是，历史却给了平型关一个名扬四海的机会。

1937年8月底，八路军誓师出征，开赴华北抗日前线。林彪和父亲率领由红一军团、红十五军团等部改编而成的115师，行进在最前面。蒋介石的委任状上，林彪是师长，父亲是副师长。两个多月后，八路军恢复政治委员制度，父亲又被中央军委任命为师政委。

那个时期，国民党军一溃千里，整个华北战场一片失败景象。日军轻取平津，气焰更为嚣张，以30万兵力，由北向南，沿交通要道长驱直入，妄图“速战速决”，三个月内灭亡中国。在南京，在上海，在武汉，在西安，“恐日病”和“亡国论”甚嚣尘上。人们都盼着中国的军队能够打一个胜仗，哪怕是一个小小的胜仗也好啊！

日本人太狂妄了，他们做梦也想不到，当大批的国民党军丢盔弃甲南逃时，却有一支部队迎着他们上来了，而且这支部队是参加过二万五千里长征的红军精英。

林彪带343旅先走了一步。父亲带师司令部和344旅经过五台，穿过龙泉关，插往平型关东南面的上寨镇，与林彪会合。父亲对林彪说：“部队全带上来了，前边的情况怎么样？”

林彪说：“敌人的大队人马正向平型关方向运动，这里的地形不错，可以打一仗。”

林彪摊开地图，同几位参谋一起，把平型关周围的地形和初步的作战设想介绍了一下，然后问父亲有什么看法。

父亲说：“可以在这里打一仗，居高临下伏击敌人，这是很便宜的事。”父亲又说，这是我们八路军第一次同日本人交手，全国人民都看着我们，这个仗必须打好，打出八路军的威风来，振奋一下全国人民的抗日情绪！

在平型关打一仗的计划，就这么定下来了。当时这样的情况前线指挥员有权决定，不必要事先请示，事后报告一下就可以了。

在这之前，八路军还没和日本鬼子打过照面，连日本人长什么样都说不清楚。从前方各个渠道传来的消息，几乎都是“日本人不可战胜”。在这种险恶的背景下，率领仓促上阵的115师主动打一仗，是需要极大勇气的。

9月25日早晨7时整，平型关战斗打响，至中午，战斗结束。此役全歼进入伏击圈的日军第5师团第21旅团100余人，毁汽车100余辆，缴获大批武器辎重。平型关前的这条寂寞了千年的十里长沟，洒满了侵略者罪恶的血。当然，代价也是巨大的，115师为此牺牲了200多人，不少是打扫战场时被敌人的冷枪打中牺牲的，这些烈士大多是参加过长征的老兵，令人痛心。

当初，父亲他们也许并没意识到，这一仗会

有这么大的影响力。首战平型关，威名天下扬，连续几天，贺电像雪片一样飞来，父亲他们乐了。

平型关大捷，替全国人民出了一口恶气，它是八路军出师华北前线打的第一个大胜仗，也是中国抗战开始以来的第一个大胜仗。某种程度上说，这一仗的政治意义更大，它使八路军名扬天下，使全国人民看到了民族的希望。

（文章有删节，选自聂力《山高水长——回忆父亲聂荣臻》，上海文艺出版社，2006年10月）

茫茫雪原映丹心

◎赵郁秀

1947年初，北大荒。

这天寒风凛冽、飞雪漫天。位居北大荒的海林县文明屯却是热气腾腾，人声嘈杂。屯头，人们高呼着口号在开斗争会。

屯外，无边大地，一片银白，呼啸的北风送来清脆、悦耳的银铃声。只见一辆高头大马的雪爬犁，在茫茫雪雾中，迎风疾驰。

爬犁驶近，跳下一位头戴挂有洁白霜凌大皮帽，身穿粗布长棉袍的女人。她是县委书记孙以瑾。她转身扶起另一位身着军用棉大衣，面孔清秀，目光有神的女同志，笑着向拥上来的人们介绍说："这是蔡畅同志，蔡大姐。"

头年，蔡畅由延安到达东北。根据党中央《建立巩固的东北根据地》的指示，先同李富春同志在西满搞减租减息，清匪除奸、开创根据地，后到哈尔滨。李富春同志任东北局和军区领导，蔡畅筹建东北妇委。前几日，李富春同志接到牡丹江省委书记何伟一个报告，说报纸登了松江地区土改中的“扫堂子”（编者注：喻指斗争地主，扫除封建势力）经验，群众立即仿效，他们有些担心。李富春同志和蔡畅来到牡丹江。听何伟的爱人孙以瑾介绍了海林县的情况，蔡畅急忙起身，拉着孙以瑾的手说：“马上下去看看，赶路！”她们马不停蹄，风雪几十里赶来了。

孙以瑾见蔡畅冻得脸腮绯红，鬓发结冰，要请她先进屋取取暖。可是，蔡畅却急匆匆径直奔向屯头的斗争会场，站到会场外的一个雪堆上细看、细听。会场上的过激行动，使蔡畅感到焦急。散会时，她又急匆匆随人流走到屯中举旗的队伍里，走进分粮的人群中。她面带微笑向人们提问：把原给地主、富农留下的口粮和农具又都分掉，扫地出门，那怎样监督他们劳动改造呢？她又向高举大旗的外屯来的“扫堂子”代表慢慢说明：本屯事该本屯人自己管，贫雇农兄弟要回去就地闹翻身……当孙以瑾再次关照蔡畅进屋取暖时，她却跳上了爬犁，说：“‘扫堂子’的事要马上回去研究咧！”

心中装着人民，才能实事求是，不辞辛苦。蔡畅从海林县风雪归来的那个夜晚，他们连夜开会至鸡鸣。何伟见蔡畅双眸略现红丝，又不断咳嗽，劝她好好休息休息。可是第二天，当冬日里可贵的阳光刚刚洒向冰冻的北国大地时，她们又扬鞭催马赶路到郊区去了。银光闪闪的辽阔雪原又现出了两行深深的雪橇辙印。

蔡畅还是位有着深博母爱的伟大的母亲。她唯一的女儿一直未在她身边。但是，无论在广州、上海或延安，她却帮助照料、抚养了不少烈士子弟，孩子们亲昵地称她“蔡妈妈”。

当时在东北妇委工作的张侠领养了一个叫春才的（朝鲜）孩子。春才刚来张侠家总是闷声不响。一天，春才路过日本战俘营，战俘正劈木柴，一个木棒飞落到她头上，她扑过去便同战俘厮打起来。正巧蔡畅由此路过，忙去拉开，把春才领到自己家里。从此，蔡畅家成为春才最感兴趣的地方，春才成为蔡畅最喜爱的孩子。

有时，蔡畅从春才的背篓里拿出识字课本，和她同声念“东方红、太阳升……”，给他们讲起毛主席和湖南家乡一些革命的故事。

有时，蔡畅拉着春才的手，兴致勃勃地教她唱《国际歌》《马赛曲》。春才不理解：蔡妈妈、阿妈妮，怎么这样会唱歌？妇委的同志告诉她：蔡妈妈上学念的是体育音乐科。她十六岁毕业，成为湖南省第一个女体育教员。毛主席为鼓励和支持她为妇女争地位、闯新路，在她第一次走向讲台时，还特地赶到学校去听她讲课呢！

《国际歌》《马赛曲》是蔡畅随同全家到法国勤工俭学时学会的两支歌，也是她最喜欢唱的两支歌。今天，在解放了的祖国东北，她又和朝鲜孤儿们同唱着。孩子们在蔡畅和妇委同志的爱抚、教育下成长了，健壮了，以后相继参加了革命部队。抗美援朝时，春才已成为人民军队的女连长，带着朝鲜战士踏上了正燃烧着的祖国的土地，投入反击侵略者的伟大战斗！

蔡畅在延安倡议办起了延安第一座保育院。到东北，又是她倡议，办起了东北局第一个幼儿园。后来，蔡畅又同罗荣桓同志倡议，办起了全国第一所军队干部子弟学校。罗元帅说："蔡大姐看得远，想得深哟！办子弟学校，不仅为去前方的同志解除后顾之忧，更为的是教育好革命后一代。"

（文章有删节，选自《古今著名妇女人物》，河北人民出版社，1986年10月）

读节气

【芒种】二十四节气中的第九个节气，夏季的第三个节气，表示仲夏时节正式开始。芒种的"芒"，是指麦类等有芒植物，"种"，是指谷黍类作物播种的节令。"芒种"与"忙种"谐音，表明一切作物都在"忙种"了，预示着农民从此开始了忙碌的田间生活。

《百年风华》编选：龙昌黄

为吏部尚书宣示书

◎［南朝陈］徐陵

徐陵（507—583），字孝穆，政治家、文学家。与南朝文学家庾信齐名，世称“徐庾”。选文系作者担任吏部尚书后，为整顿吏治，劝阻冒进求官者所作。

自古吏部尚书者，品藻人伦[1]，简[2]其才能，寻其门胄，逐其大小，量其官爵。梁元帝承侯景之凶荒，王太尉[3]接荆州之祸败，尔时丧乱，无复典章，故使官方[4]，穷此纷杂。永定[5]之时，圣朝草创，干戈未息，亦无条序。府库空虚，赏赐悬乏，白银难得，黄札[6]易营，权以官阶，代于钱绢，义存抚接，无计多少，致令员外、常侍，路上比肩，咨议、参军，市中无数，岂是朝章，应其如此？今衣冠礼乐，日富年华，何可犹作旧意，非理望也。

所见诸君，多逾本分，犹言大屈，未喻高怀。若[7]问梁朝朱领军异[8]亦为卿相，此不逾其本分邪？此是天子所拔，非关选序。梁武帝云："世间人言有目色[9]，我特不目色范悌。"宋文帝亦云："人世岂无运命，每有好官缺，辄忆羊玄保[10]。"此则[11]清阶显职，不由选也。秦有车府令赵高直至丞相，汉有高庙令田千秋亦为丞相，此复可为例邪？既忝衡流[12]，应须粉墨[13]。所望诸贤，深明鄙意。

（标题为编者所拟，选自《陈书》，中华书局，1972年3月）

[1]人伦：人才。[2]简：选择。[3]王太尉：指梁末权臣王僧辩。[4]官方：官员应当遵守的纲纪、礼法。[5]永定：南朝陈武帝陈霸先的年号，为公元557—559年。[6]黄札：指在黄纸上书写的封官授爵的文书。[7]若：你，你们。[8]朱领军异：南朝梁臣朱异，曾任中领军一职。[9]目色：垂青。[10]羊玄保：南朝宋名臣，官至左卫将军、吏部尚书、光禄大夫等，因清廉俭朴备受宋武帝刘裕夸赞。[11]则：表示肯定，相当于乃，就是。[12]衡流：铨选人才的品官。[13]粉墨：本义修饰，此处作谦辞，意近履行职责。

译文

自古以来，吏部尚书一职，专司品评人物、遴选人才，需要辨别被选拔者的才能，探查其家族名望与出身，根据其才能和名望大小，来权衡授予的官职。梁元帝承继了侯景叛乱后的灾荒，王太尉接续了荆州失陷后的残破，那时天下动荡，法令规章不复存在，朝纲陷于杂乱之中。永定年间，我朝刚刚创建，战争尚未停息，朝政也没有条理。国家财政空虚，奖赏的物资匮乏，白银难以获得，封授官爵的黄纸札倒是容易谋取，于是朝廷暂时用官职替代金钱、丝帛来作为赏赐，用以安抚朝廷内外，受赏赐者不知有多少，以致员外、常侍比比皆是，咨议、参军不计其数，这哪里是朝廷的典章制度该有的样子？如今，朝廷的礼制规范日益繁复细密，官员们怎么还抱着以前的想法，这可不是合理的愿望。

我认识的诸位，所得官衔大多高出了本身所尽的责任和义务，但你们依旧诉说委屈，说官职不能与自己高远的抱负相称。你们质问，梁朝的朱异不也曾为卿相，难道就没有高出他所尽的责任和义务吗？这是天子亲自提拔的，与人才选拔程序无关。梁武帝说："有人说这世间有垂青之说，我唯独不垂青范悌。"

宋文帝也说：“人生在世哪里没有命数，每当有好的官缺时，我总会想起羊玄保。”这说明清高显要的职衔，并不单由选拔决定。秦代车府令赵高竟然做到了丞相，汉代高庙令田千秋也做了丞相，难道这可以再拿出来作援引的例子？我既然忝列选官之位，就应该履职辨才。还请各方贤达，可以明晓在下的心意。

千秋评说

吏者，民之本，纲者也，故圣人治吏不治民。（[先秦]韩非子）

臣闻致治之道无他，在三而已：一曰任官，二曰信赏，三曰必罚。（[北宋]司马光）

天下之乱，由于吏治不修；吏治不修，由于人才不出；人才不出，由于人心不正，此则学术之不讲也。（[清]左宗棠）

为政以正

◎马军

鲁国大夫季康子向孔子问政，孔子回答："政者，正也。子帅以正，孰敢不正？"孔子认为"政"用一个"正"字就可以概括。作为具有一定行政职能、服务百姓的官员，只有自己是一个有原则、守法度、堂堂正正的人，他才可能给身边的人施加正面的影响，才能服务好百姓，赢得他们的尊敬。孟子也说："枉己者，未有能直人者也。"自己不正是不可能正人的。

正，有垂直或符合标准方向的意思，一个人直立于天地之间，仰不愧，俯不怍，万事不欺心；既不左亦不右，此谓之中正而与道合。

正者必清。自身过硬，才能说话硬气；一尘不染，才能理直气壮地正人以清。美玉乃无价之宝，多少人踏破铁鞋、遍觅群山而不可得，春秋时期宋国国相子罕焉能不知？可是面对一脸诚挚的献宝人，却平静地说："我以不贪为宝，尔以玉为宝；若以与我，皆丧宝也，不若人有其宝。"每个人都有各自珍视的东西，身为一国之相，子罕以不贪为宝，倘若接受美玉，获得的是物质上的一个宝，而失去的却是精神上的一个宝。

正者必公。公则太平，不公必争，这是一个万古不易之理。春秋时期，晋国的邢侯和雍子因为土地纠纷而对簿公堂。负责审理此案的人叫叔鱼，叔鱼才干出众，但德行有亏，是个贪得无厌的人。叔鱼裁定"罪在雍子"，雍子得知消息后，马上展开攻势，将其貌美之女嫁给叔鱼。与雍子结为一家人后，叔鱼徇私枉法，改判邢侯败诉，邢侯一怒之下，对叔鱼和雍子展开了报复。原本一桩普通的土地纠纷案，由于叔鱼肆意践踏法律的公正与尊严，导致三人皆输的悲剧，令人扼腕叹息。

正者必光明磊落、坦荡无私。据说北宋司马光曾张榜于客厅，"访及诸君，若睹朝政阙遗，庶民疾苦，欲进忠言者，请以奏牍闻于朝廷，光得与同僚商议，择可行者进呈，取旨行之。若但以私书宠谕，终无所益。若光身有过失，欲赐规正，即以通封书简分付吏人，令传入，光得内自省讼，佩服改行。至于整会官职差遣、理雪罪名，凡干身计，并请一面进状，光得与朝省众官公议施行。若在私第垂访，不请语及”。一张榜文，明明白白告诉来访客人，什么可做什么不可做；明明白白告诉众人，此处是个光明正大、磊落坦荡、不徇私情的地方。

“其身正，不令而行；其身不正，虽令不从。”以正率下，公平公正，风清气正，自然政通人和。唐穆宗曾问柳公权用笔之法，柳公权答曰：“用笔在心，心正则笔正”，寥寥数语道尽书法之奥秘，也道尽为人理政的奥秘。

（文章有删节，选自《中国纪检监察报》2022年1月14日）

阚泽临危荐陆逊

“火烧连营”是三国时期著名战役之一，直到今天，人们还津津乐道。这场战役的全局，史称夷陵之战，蜀吴双方投入兵力达十万之众，其规模和意义仅次于官渡之战、赤壁之战。指挥这场战役的是一个温文尔雅的书生，名叫陆逊。他之所以能走上这场战役的指挥台，东吴名臣阚泽功不可没。

公元221年7月，称帝不久的刘备复仇心切，为从孙权手中夺回荆州，洗雪关羽败亡之耻，不惜倾全国之力，亲自率兵伐吴，大有一战灭吴之势。蜀汉大军压境，东吴前线吃紧，孙权求和不成，一边向曹魏称臣，避免两线作战，一边调兵遣将，谋划退敌之策。东吴大事，早先全仗周瑜，周瑜之后有鲁肃，鲁肃之后有吕蒙，而今吕蒙病卒，谁能横刀立马、挥师退敌呢？孙权一时惶然，没了主意。就在这个节骨眼上，阚泽挺身而出，力荐陆逊。他先以陆逊此前夺取荆州、打败关羽为例，证明陆逊虽然是个儒生，但确实有雄才大略，其能力不在周瑜之下，若能起用，必能破蜀，并承诺，如有闪失，愿与陆逊同罪。孙权这才想起陆逊，也有意拜他为将。可张昭、顾雍、步骘等一班重臣老将却不这么想，他们认为，陆逊乃一介书生，资历不深，威望不高，将这么大的事交给他，恐难胜任，也无以服众，弄不好要出大乱子、误大事。阚泽情知举荐陆逊的阻力不小，就大声疾呼说，如若不用陆逊，东吴就此休矣！臣愿以全家性命担保！孙权也认为陆逊奇才难得，于是当机立断，拍板让陆逊迎战刘备。陆逊奉召而至，但他也担心众将官不服，于是便推辞了一番，然后请求孙权明天当众授命。阚泽上奏说，古人拜将，必筑神坛，大会誓师，从而壮军威、严军纪，令行禁止。孙权准奏，命人连夜筑坛完备，第二天大会百官，请陆逊登坛，拜为大都督、右护军镇西将军，赐以宝剑、印绶，令掌六郡八十一州兼荆楚诸路军马，并授权说，朝廷以内的事，由我来主持，朝廷以外的事，由你全权负责。这样一来，全军将士再无异心，在陆逊的统一指挥下，戮力对敌。陆逊也果然不负朝廷重托，以逸待劳，神机妙算，火烧连营数百里，重创汉军实力，打得刘备落荒而逃，挽救了东吴的命运。

（标题为编者所拟，原题《荐贤为何这么难》，作者王兆贵，文章有删节，选自《光明日报》2014年8月23日）

读节气

【芒种物候】古人将芒种分为三候：一候螳螂生。螳螂在前一年的秋天把卵产在林间，一壳百子，此时小螳螂破壳而出。二候鵙（jú）始鸣。鵙，伯劳也。鵙始鸣，是指喜阴的伯劳鸟开始在枝头出现，并且感阴而鸣。三候反舌无声。反舌也是一种鸟，能模仿其他鸟儿鸣叫，此时却因感应到阴气的出现而停止了鸣叫。

代出自蓟北门行

◎［南朝宋］鲍照

鲍照（约414—466），字明远，诗人。长于乐府，尤擅七言之作，有《鲍参军集》传世。选诗为其名作之一，表现了边疆将士抵御外敌、誓死卫国的壮志与豪情。

羽檄起边亭，烽火入咸阳。
征骑屯广武，分兵救朔方。
严秋筋竿劲，虏阵精且强。
天子按剑怒，使者遥相望。
雁行缘石径，鱼贯度飞梁。
箫鼓流汉思，旌甲被胡霜。
疾风冲塞起，沙砾自飘扬。
马毛缩如猬，角弓不可张。
时危见臣节，世乱识忠良。
投躯报明主，身死为国殇。

一萼红

◎[南宋]姜夔

姜夔（约1155—1209），字尧章，号白石道人，饶州鄱阳（今属江西）人。工诗，亦精通音律。词喜自创新调，重格律，音节谐美。选词为作者寓居长沙期间所作。

古城阴，有官梅几许，红萼未宜簪。池面冰胶，墙腰雪老，云意还又沉沉。翠藤共、闲穿径竹，渐笑语、惊起卧沙禽。野老林泉，故王台榭，呼唤登临。

南去北来何事？荡湘云楚水，目极伤心。朱户黏鸡，金盘簇燕，空叹时序侵寻！记曾共、西楼雅集，想垂杨、还袅万丝金。待得归鞍到时，只怕春深。

《古典》编选：龙昌黄

我始终是萍踪浪迹、行止不定的人

◎ 陈潭秋

陈潭秋（1896—1943），湖北黄冈人，曾任中共武汉地委书记。1933年初，国民党在上海疯狂捕杀共产党人，中共临时中央政治局被迫由上海迁往中央苏区，并决定陈潭秋等同志也一并离开上海前往苏区。临行前，陈潭秋给湖北老家的两位哥哥写下此信。

三哥、六哥：

流落了七八年的我，今天还能和你们通信，总算是万幸了。诸兄的情况我间接又间接地知道一点，可是知道有什么用呢！老母去世的消息，我也早已听得也不怎样哀伤，反可怜老人去世迟了几年，如果早几年免受许多苦难呵！

我始终是萍踪浪迹、行止不定的人，几年来为生活南北奔驰，今天不知明天在哪里，这样的生活，小孩子终成大累，所以决心将两个孩子送托外家抚养去了。两孩都活泼可爱，直妹本不舍离开他们，但又没有办法。直妹连年孕、产、哺，也受累够了，一九年（编者注：指民国十九年，即1930年）曾小产了一男孩，二十年（编者注：指民国二十年，即1931年）又产一男孩，养到八个月又夭折了，现在又快要生产了。这次生产以后，我们也决定不养，准备送托人，不知六嫂添过孩子没有？如没有的话，是不是能接回去养？均望告知徐家三妹（经过龚表弟媳可以找到）。

再者我们希望诸兄及侄辈如有机会到武汉的话，可以不时去看望两个可怜的孩子，虽然外家对他们痛爱无以复加，可是童年就远离父母终究是不幸啊！外家人口也重，经济也不充裕，又以两孩相累，我们殊感不安，所以希望两兄能不时地帮助一点布匹给两孩做单夹衣服（就是自己家里织的洋布或胶布好了）。我们这种无情的请求望两兄能允许。

家中情形请写信告我，经徐家三妹转来。八娘子及孩子们生活情况怎样？诸兄嫂侄辈情形如何？明格听说已搬回乡了，生活当然也很困苦的，但现在生活困苦，决不是一人一家的问题，已经成为最大多数人类的问题（除极少数人以外）了。

（我的状况可问徐家三妹）

弟澄上

二月二十二日

（标题为编者所拟，原题《现在生活困苦，决不是一人一家的问题》，选自《红色家书》，党建读物出版社，2016年10月）

千秋评说

人生在世，不出一番好议论，不留一番好事业，终日饱食暖衣，无所用心，何自别于禽兽？（[北宋]苏辙）

我不想多说空话，多说大话，我愿意一点一滴地做点实在事情，留点痕迹。（巴金）

创业总是艰难的，敢于创业的人，便不应计较艰难。世界上没有一帆风顺的革命。（恽代英）

今人一得

“我将无我，不负人民”

◎ 肖伟光

王国维在《人间词话》中提出“有我之境”和“无我之境”两种境界：“有我之境，以我观物，故物皆著我之色彩；无我之境，以物观物，故不知何者为我，何者为物。”“有我”与“无我”，可以用来品评诗词境界，也可以作为衡量做人境界的标准。

朱熹在《四书章句集注》中引用过先贤的一个观点：“士之品大概有三：志于道德者，

功名不足以累其心；志于功名者，富贵不足以累其心；志于富贵者，则亦无所不至矣。”他将读书人的境界分为三个层次，志于富贵、志于功名和志于道德。宋儒程明道有云：“君子之学，莫若廓然而大公，物来而顺应。”以“廓然大公”“物来顺应”八个字概括最高明的君子之学。

“我”与“无我”是何关系？曾国藩对“己欲立而立人，己欲达而达人”中“立”“达”二字的理解是：“立者，发奋自强，站得住也；达者，办事圆融，行得通也。”类似的，“有我”则立，立志、立得住；“无我”则达，通达、行得通。“有我”好比是圆心，“无我”好比是半径，画出来的圆有多大，就看我们立的志向是否坚定、圆心是否牢靠，就看我们的境界格局有多大、能够把握的舞台有多大。

“哲学家们只是用不同的方式解释世界，而问题在于改变世界。”改变世界包括改变主观世界和客观世界两个部分。在改造客观世界的同时改造主观世界，以改造主观世界的成果推动客观世界的改造，协同推进社会革命和自我革命，这是共产党人肩负的伟大使命。

“我将无我，不负人民”，是大公无私、乐于奉献，更是习近平总书记强调的“心中有民、一切为民”。中国共产党人把自己完全融入为中国人民谋幸福、为中华民族谋复兴之中，把满腔激情完全投入以人民为中心的发展中去，“我”已化在滚滚时代大潮之中。“待到山花烂漫时，她在丛中笑。”这既是“有我”的姿态，也是“无我”的境界。

（标题为编者所拟，原题《“我将无我，不负人民”：共产党人最高人生境界》，文章有删节，选自《学习时报》2019年5月13日）

多读一点

陈潭秋在新疆

1930年，任满洲省委书记的陈潭秋前往哈尔滨视察。召开工作会议时，因为聚会时间过长，被国民党特务盯上。随后，陈潭秋被敌人逮捕。落入狱中的陈潭秋咬紧牙关，没有让敌人从他口中得到任何有用的信息。

幸运的是，国民党并不知道他们抓的是陈潭秋，中国共产党的创始人之一。被关押了两年后，在组织的营救下，陈潭秋出狱了。

回到中央苏区后，陈潭秋任福建省委书记，继续被委以重任。前往苏联学习了一段时间后，陈潭秋任中共驻新疆代表。

当时的新疆是军阀盛世才的地盘。新疆对于苏联的战略意义极大，因此盛世才和苏联的关系密切，对中共代表也持欢迎态度。

德军突袭苏联后，苏军节节败退，国土大量丧失，自顾不暇，盛世才觉得苏联已经没有利用价值，对中共的态度也渐渐恶化。陈潭秋在这种复杂的环境下，和盛世才展开了巧妙的斗争。

陈潭秋将《新疆日报》作为宣传马克思主义、宣传中国共产党的基地。针对在新疆各地出现的反共势力，陈潭秋经常刊发我党一些领导人的文章对反动言论进行批斗。他自己也经常撰写文章，揭露野心军阀盛世才的虚伪面目。

与此同时，陈潭秋对于党风的建设也极其关心。他对新兵的思想教育和党史课非常注重，大力加强新兵的思想政治工作，保证了集体的凝聚力。经过他训练和教育后的新兵，回到延安后很快成为革命的有生力量，投入到了抗日斗争中。

很快，盛世才见风使舵的本质暴露出来。为了保存党的力量，陈潭秋决定安排党员们尽快返回延安。陈潭秋将新疆的情况向中央汇报后，中央同意了撤退的请求。

但是，当时通往延安的路都被国民党封锁了。迫于无奈，留在新疆的中共党员只能先撤往苏联。时间紧急，与苏联驻新疆领事馆取得联系后，陈潭秋迅速制订了撤退计划。他将人员分为三批，干部和航空队员先行撤退，干部家属其次，办事处的少数工作人员和自己最后。有人建议他第一批走，但是被陈潭秋拒绝了。他说："安排大家离开是我的任务，只要还有一人留在这里，我就不能走！"

为了讨好蒋介石，1942年，盛世才发动了震惊中外的“新疆事件”，软禁了陈潭秋、毛泽民等中共党员和六十多名家属。陈潭秋写信要求盛世才释放被抓人员，盛世才自然不会放人。

在狱中，陈潭秋受到了严刑逼供。遭受酷刑之后的陈潭秋丝毫没有松口，还大骂盛世才卖友求荣。

9月27日，正是一个秋风萧瑟的夜晚，刚刚沉下的落日，余晖还映在地上，给戈壁滩铺上一层异样的秋装。

盛世才的手下推开牢房门，进来假惺惺地劝降一番，结果被陈潭秋痛骂。于是盛世才亲自出马，给陈潭秋打电话。陈潭秋将盛世才也一并痛骂，还狠狠地把电话摔在了地上。恼羞成怒的敌人杀死了陈潭秋。为共产主义事业奋斗终生的陈潭秋，将他的风骨和气节，永远地留在了那一场秋风里。

（作者项亚娟，文章有删节，选自《强国之梦：中华民族伟大复兴征程中的先驱者》，武汉大学出版社，2018年3月）

中秋的月亮

◎ 周作人

周作人（1885—1967），现代散文家、文学理论家。他的散文平淡如水、自然如风，展现出平和、空灵的人生境界，是中国散文史上的一座高峰。

敦礼臣著《燕京岁时记》云：“京师之曰八月节者，即中秋也。每届中秋，府第朱门皆以月饼果品相馈赠，至十五月圆时，陈瓜果于庭以供月，并祀以毛豆鸡冠花。是时也，皓魄当空，彩云初散，传杯洗盏，儿女喧哗，真所谓佳节也。惟供月时，男子多不叩拜，故京师谚曰，男不拜月，女不祭灶。”此记作于四十年前，至今风俗似无甚变更，虽民生凋敝，百物较二年前超过五倍，但中秋吃月饼恐怕还不肯放弃，至于赏月则未必有此兴趣了罢。

本来举杯邀月这只是文人的雅兴，秋高气爽，月色分外光明，更觉得有意思，特别定这日为佳节，若在民间不见得有多大兴味，大抵就是算账要紧，月饼尚在其次。我回想乡间一般对于月亮的意见，觉得这与文人学者的颇不相同。普通称月曰月亮婆婆，中秋供素月饼水果及老南瓜，又凉水一碗，妇孺拜毕，以指蘸水涂目，祝曰眼目清凉。相信月中有娑婆树，中秋夜有一枝落下人间，此亦似即所谓月华，但不幸如落在人身上，必成奇疾，或头大如斗，必须断开，乃能取出宝物也。

月亮在天文中本是一种怪物，忽圆忽缺，诸多变异，潮水受它的呼唤，古人又相信其与女人生活有关。更奇的是与精神病者也有微妙的关系，拉丁文便称此病曰月光病，仿佛与日射病可以对比似的。这说法现代医家当然是不承认了，但是我还有点相信，不是说其间隔发作的类似，实在觉得月亮有其可怕的一面，患怔忡的人见了会生影响，正是可能的事罢。好多年前夜间从东城回家来，路上望见在昏黑的天上，挂着一钩深黄的残月，看去很是凄惨，我想我们现代都市人尚且如此感觉，古时原始生活的人当更如何？住在岩窟之下，遇见这种情景，听着豺狼嗥叫，夜鸟飞鸣，大约没有什么好的心情——不，即使并无这些禽兽骚扰，单是那月亮的威吓也就够了，它简直是一个妖怪，别的种种异物喜欢在月夜出现，这也只是风云之会，不过跑龙套罢了。等到月亮渐渐地圆了起来，它的形象也渐和善了，望前后的三天光景几乎是一位富翁的脸，难怪能够得到许多人的喜悦，可是总是有一股冷气，无论如何还是去不掉的。只恐“琼楼玉宇，高处不胜寒”，东坡这句词很能写出明月的精神来，向来传说的忠爱之意究竟是否寄托在内，现在不关重要，可以姑且不谈。

总之我于赏月无甚趣味，赏雪赏雨也是一样，因为对于自然还是畏过于爱，自己不敢相信已能克服了自然，所以有些文明人的享乐是于我颇少缘分的。中秋的意义，在我个人看来，吃月饼之重要殆过于看月亮，而还账又过于吃月饼，然则我诚犹未免为乡人也。

（选自《人间名家经典散文书系·月》，山东文艺出版社，2013年6月）

千秋评说

列星随旋，日月递照，四时代御，阴阳大化，风雨博施，万物各得其和以生，各得其养以成。（[先秦]荀子）

人和天然，从一方面看是对立的；从又一方面看，人也是天然中之一物，人的存在也是天然的一部分。（冯友兰）

大自然是一朵易变的云，永远是一样的，而又从来不是一样。它将同一个思想铸成无数形式，正如一个诗人将一个寓意写成二十个寓言。（[美]爱默生）

今人一得

望月遐思

◎姚中才

月亮总是让人琢磨不透。仔细想来，月亮似

乎也存在得没有道理。她不像太阳，提供热能，成为人类生存必不可少的依据。她可有可无，她若实若虚，她皎洁清高。作为太阳的一种补充，她静悬在夜空，以处子般的宁静惹人怀想。她似乎不是一种实体，不是一种存在，而是一种意念，一种精神，恰如艺术之于人类一样，月亮也该是一种属于精神的东西。

人类产生了，月亮便不再是一个客观的星体，而是作为一种理想和一种超越时空的灵物。太阳太实在，太阳太实用，太阳便不会是美的处所。只有月亮，才是最美好的归宿，古人们便让他们所想象出来的最美的女子奔月而去，并且以玉兔和幽香可人的桂树去陪着她，在月亮里构成一个绝美的世界。

也难怪人们，月亮本来就是以精灵的形象出现的。她永远那么清冷，美得让人绝望。她时隐时现、时缺时圆、时大时小。而且，她选择了夜，选择了宁静，便不能不让人翩翩联想了。

经历了白天的喧嚣与奔忙，夜便是让人怀想和沉静的时刻了。人们有太多的不如意和太多永不能实现的愿望，夜便给人一次飘升的机会，一种放松，一种彻底的解放，一种反省和回思的空间及氛围。月是带着与生俱来的高雅、飘逸与灵性切入人们的生活的。有时是新月，给人一种清冷的希望；有时是满月，给人一种怀想的氛围；有时是残月，给人一种绝望的美感。月以她穿透一切的艺术渗透力渗入人的灵魂。

月夜便有箫声响起，月夜便有歌声响起，便有许多面窗子对月而开，便有许多双眼睛凝望夜空。沉思些时刻，呆呆伫立良久。对着这轮月亮，这轮照过沧桑更替的月亮，这轮冷眼看着世事变迁的月亮。月亮分明是一面超越时空的镜子，让人类照见自己的灵魂，照见过去与未来。

如果说流水以其流逝不返给人一种怅然，月则以其常缺常圆让人在希望与失望的轮回中经历一次心灵深处的震颤。

（标题为编者所拟，原题《精神的月亮》，文章有删节，选自《人生不了歌》，中国戏剧出版社，2013年8月）

周作人说闲食

周作人是颇讲究生活情调的人。他说："我们于日用必需的东西以外，必须还有一点无用的游戏与享乐，生活才觉得有意思。我们看夕阳，看秋河，看花，听雨，闻香，喝不求解渴的酒，吃不求饱的点心，都是生活上必要的——虽然是无用的装点，而且是愈精炼愈好。"对于点心之类的闲食，周作人的观点是"点心不是当饭吃"，但是不可或缺。

在《北京的茶食》中，他深为北京没有好吃的点心而遗憾："这也未必全是为贪口腹之欲，总觉得住在古老的京城里，吃不到包含历史的精炼的或颓废的点心是一个很大的缺陷。"于是，他才不厌其烦地谈家乡的点心。他对家乡的点心如数家珍，念念不忘。在《南北的点心》中，他把家乡的点心分为三大类五大种，近三十个品种。《再谈南北的点心》明确阐述：北方点心是

“官礼茶食”，南方是“嘉湖细点”；“北方的点心是常食的性质，南方的则是闲食”，并进一步考察“北方的点心历史古，南方的历史新”。考证之精细，语言之确凿，让人佩服。

《学做点心》拿做点心与写文章作比较：做点心“总比要笔杆子要好得多”；做点心“卖出去不误主顾”，可充饥；做点心虽然要点手段，但材料好找；写文章“就算是也有一点点手段，可材料都要自办，而且每天不能老做这一样，比起烘月饼来真是事倍功半”。最后玩笑般得出结论：“真有悔不该起初不曾学了做点心的手艺之叹也。”如此看来，周作人若不从事写作，也许会成为一位出色的点心师！

《绍兴的糕干》回忆了故乡“香糕”的制作过程，以及“孟大茂”香糕店，还有“进京香糕”的得名渊源。普通的点心，蕴藏深厚的文化，让人品到了点心之外的滋味。《果子与茶食》则对中日点心作了比较，详细介绍日本的四类点心，并分析日本点心的特色“大抵是由华丽转向简素，由浓厚转向清淡”，颇得异域点心文化之真谛。

周作人这些介绍闲食的文章，朴素淡雅，不设铺陈，娓娓道来，却异彩纷呈；风土人情，民风民俗，寓于笔端，让人大开眼界，大约是寄托了他的思乡之情吧！

（标题为编者所拟，原题《周作人的闲食》，作者孟祥海，选自《潮州日报》2019年3月26日）

论青年和老年

◎［英］培根

曹明伦 译

培根（1561—1626），英国文艺复兴时期的散文家、哲学家，在文学、哲学、自然科学领域上多有建树。他思想成熟，言论深邃，被马克思称为“英国唯物主义和整个现代实验科学的真正始祖”。

年少者也有可能老成持重，只要他不曾虚度光阴，然这种少年老成毕竟罕见。一般说来，青年就好比最初形成的想法，总不如经过深思熟虑的见解明智；因为正如在年岁上有青春时代，在思想上亦有幼稚阶段。但年轻人的创造力比年长者的更富生机，各种想象会源源不断地涌进他们的头脑，而且可以说他们更多地受到神的启迪。凡天生热情奔放、欲望强烈且易恼易怒者，都要等过了盛年才可成就大事，恺撒和塞维鲁二人即是明证。关于后者有人曾说：他年轻时放浪形骸，甚至疯疯癫癫。然而他几乎可以算是罗马皇帝中最能干的一位。凡性格稳重者都可在年轻时就建功立业，例如罗马皇帝奥古斯都、佛罗伦萨大公科西莫、勒莫尔公爵加斯东等等。但另一方面，老年时的热情开朗对事业来说亦是一种极好的性格。青年人更适合创造而非判断，更适合执行而非决策，更适合新举新措而非旧事陈规；老年人富于经验，凡经验之内的事他们做起来都轻车熟路，但遇到新情况他们就可能误入歧途。年轻人出错往往会使事情毁于一旦，年长者出错则只是使本来可做得更多更快的事情做得少点慢点。

在实施计划和指挥行动方面，年轻人往往会自不量力，好大喜功，会不考虑方式方法和轻重缓急而直奔目标，会可笑地实行某些他们偶然发现的什么主义，会因为求变不慎而招致莫名其妙的麻烦，矫枉纠偏时会一开始就用极端手段，而且弄得错上加错也不知悔改，不知回头，就像训练无素的马，不知何时该停步，何时该转弯。但老年人持事则往往提议太多，商量太久，冒险太少，后悔太快，并且很少把一件事做得干净利落，完全彻底，而总是满足于一种平庸的结果。不可否认，用人之道应是老少兼用。这样做有益于眼下，因为老少双方的优点可弥补各自之不足；这样做有益于今后，因为当年长者唱主角时年轻人可以学习；这样做还有益于处理民间事务，因为年长者总是具有权威，而年轻人则总是受人欢迎；不过在道德风貌方面，年轻人应占主导地位，正如年长者在政治关系方面占支配地位一样。有位犹太拉比在讲“你们的少年人要见异象，老年人要做异梦”这句经文时指出，这说明年轻人比老年人离上帝更近，因为异象是比异梦更清楚的一种启示；而毫无疑问，人在这世上活得越久，在世俗中就陷得越深，因年岁使人受益的是处世方面的能力增强，而非情感方面的美德增多。世上有些人过早成熟，然而早熟也往往早衰。这类早熟早衰的人有三种。第一种早年才智过人，但很快就才竭智枯，如修辞学家希摩热内斯，他的修辞著作精妙绝伦，但他后来渐渐变成了白痴。第二种人具有某些天生气质，可那些气质只能为青春添彩而不能为老年增光，如说话声音优美且辞藻华丽就只适合青年而不适合老年，所以西塞罗评奥腾修斯时说：“他风格依旧，但那种风格已不再适合于他。”第三种人在建功之初就赢得太高的名望，以致后来难以维持其赫赫声威，大西庇阿就属于这种人物，结果李维评道：“他后期的作为比不上他早期的功绩。”

（标题为编者所拟，文章有删节，选自《培根随笔集》，人民文学出版社，2006年1月）

千秋评说

年轻人的头脑总是善变的，而老年人在考虑问题时就能够思前想后，三思而后行。（[古希腊]荷马）

人到中年还试图实现青年时代的希望和心愿，是在不断欺骗自己。人一生中的每一个十年都有它自己的幸运、希望和渴求。（[德]歌德）

青年是增长才智的时期，老年则是运用才智

的时期。（[法]卢梭）

今人一得

年华如诗

◎ 王晓华

德国诗人荷尔德林有一句名言流传至今：人充满劳绩，但还诗意地栖居在大地之上。如果说“劳绩”创造了诗意，那么，诗意则是“劳绩”的酬报。由于人总是在内心中收留了自己的“劳绩”，因此，年龄的增长很可能对应着诗性的积聚。一旦把生命与诗性联系起来，矫正性的力量就会涌现：老年不是生命戏剧的“最后一幕”，不是将消失在入海处的“河口”，而是不断开始的序曲。

与童年、青年、中年时期一样，老年依然意味着希望。由于拥有不断延伸的地平线，老年人甚至无须强调自己依然“壮怀激烈”，不必有意识地展示“醉后少年狂”的生存姿态。对于他或她来说，生存同样是创造差异的运动：这一秒与下一秒，生命剧场可能具有完全不同的剧情。为了体验这种生存之魅，许多被称作老年人的个体不断强化自我关怀的技艺：节制、锻炼、塑形、沉思、冥想，投身于力所能及的试验，等等。对于他或她来说，该保持的一定要保持（如健康、信心、意志），需舍弃的必须舍弃（如减弱自立性的习惯）。在保持和舍弃之间，不竭的生命意志持续显现。当后者被思想所照亮，一种澄明和充实之感产生了。这不就是人们所说的幸福吗？

所有人都是自己的作品，适合年龄诗学的只能是差异原则：不同阶段的生命只存在差异，老年既不高于生命的其他阶段，也不低于它们。只要人依然能在现实或想象中创造劳绩，生命就是“自我颂扬的旋律”。年长者需要思考的不是如何为自己辩护，而是怎样“诗意地栖居于大地之上”。

（标题为编者所拟，原题《年龄的诗学》，文章有删节，选自《社会科学报》2021年9月9日）

培根：“现代科学之父”

培根在哲学领域的盛名遮蔽了他在其他学科的成就，使得后人对培根的认识既不全面也不深刻。在当时英国的知识界中，培根无疑是仅次于同时代的莎士比亚的人。乌托邦思想家赫茨勒就认为：“在思想上，培根是欧洲文艺复兴运动的典型产物，他对学术的兴趣涉及当时的每一个论题，而他的著作也触及几乎所有的学科，他对每一门学科都抱有同样热切的好奇心和有效的洞察力。”在其他学科如历史、法学、教育学、心理学、文学（尤其散文）等都有不俗的建树。培根怀着极大的兴趣和伟大的理想投身于各种学科的研究中，他希望借助科学的复兴实现人类的伟大发展，这种致用思想不同于当时传教士自娱自乐的科学研究。他认为：“各种科学的真正合法的目标，简单说来就是用新的发现和能力来丰富人类的生活。”

他对科学对人类有什么用处的眼光，比与他同代的任何人都更为广泛、更为深入、更为公正。这也不只是一种智力上的卓越而已。由于他以这样的热诚激励人们征服自然以便改善人类生活条件，他可以说是在人的心中激发了一种新的天良。在培根所有的思想中，人们耳熟能详的就是“知识就是力量”这句经典名言。

他在科学领域的贡献，一是奠定了科学的分类。《新工具》这本书，就连培根的对手都不得不承认他的成功。《论学术的进展》对各门科学的分类，成为后世科学发展的借鉴。尤其法国狄德罗把百科全书的成功归功于培根。二是他对新的科学方法的开创。培根时代，经验科学的发展给人们带来了对自然的新认识，引起了人们对经验观察和实验方法的注意和重视。培根非常强调科学方法对认识自然改造自然的重要性，提出了归纳法。三是对科学的未来的认识，在《新大西岛》中，培根一方面对科技技术的应用展开了丰富的想象，科学技术既改变了人类的生活，也可能改变自然规律；另一方面培根也遇见了科学技术发展的现代性问题，似乎若有所思地指出了可能面对的危机，技术统治给人类社会带来的不便和恐惧无处不在。

培根甘当科学的小工，致力于科学的伟大复兴，意在用科学改造自然，造福人类。培根将在仕途之外的大部分时间都献给了科学事业，作为一位巨人，培根的可贵之处在于保持对科学的执着和热情直到死去。

（标题为编者所拟，原题《重读培根》，作者刘德林，文章有删改，选自《书屋》2018年第3期）

巨人树

◎［美］约翰·斯坦贝克

李光文 译

约翰·斯坦贝克（1902—1968），20世纪美国最有影响力的作家之一，1962年获得诺贝尔文学奖。其作品多次表达了他对人与自然相互依存关系的理解。

我在巨人树身边待了两天。这里没有游客，没有拿着相机喧闹的人群，只有大教堂般的肃静。可能是那厚厚软软的树皮吸收了声音，才有了这份宁静吧！巨人树高耸着，直插云霄，看不到地平线。黎明很早就来了，直到太阳升得很高，阳光才被遥远空中像羊齿植物一样的绿叶映成金绿色，变成稀疏的光影。太阳刚升过天顶，就到下午了，接着就是黄昏。黄昏带来一片寂寥的阴影，很漫长，和上午一样。

时间变了，往日的早晚分隔也变了。我始终认为黎明和黄昏是安静的。在这座水杉林里，一天都很安静，小鸟在缥缈的光影里飞，穿梭在片片阳光里，像星星点点的火花，但很少吵闹。脚下是一片由堆积了两千多年的针叶铺成的垫子。在这厚厚的绒毯上，脚步声全无。我在这里有一种远离世俗的隐居感。这里的人都屏息凝神，不敢说话，生怕打扰了什么——怕打扰了什么呢？我还是个孩子的时候，就感觉有某种东西在树林里活动——某种我理解不了的东西。那种我几乎遗忘了的感觉又立刻回到了我心里。

夜深得很彻底，头顶上只有一小块灰白和偶尔出现的一颗星星。黑暗里有一种呼吸，因为这些掌控白天、霸占黑夜的巨物是活的，有存在，有感觉，在它们知觉深处或许能够相互感应！我和这种东西（奇怪，我总无法把它们称为树）相处了大半辈子了。我从小就毫无遮挡地与它们接触。我能懂它们——它们的强壮和古老。但没有经验的人类来到这里却会感到不安。他们怕危险，怕被束缚、封闭，怕无法抵抗那极强的力。他们害怕，不仅因为巨杉的巨大，还因为它的怪异。怎么能不害怕呢？这些树是侏罗纪早期的一个品种最后的子嗣，那是在遥远的地质年代，那时巨杉曾在四个大陆上蓬勃繁衍，人们发现过这种古代植物在白垩纪初期的化石。它们在第三纪始新世和第三纪中新世曾把整个英格兰、欧洲和美洲都覆盖了。可是冰河时代来了，巨人树不可避免地灭绝了，唯独这一片树林幸存了下来。这是个令人惊讶的纪念品，纪念着地球在洪荒时代的形象。在走进森林里时，巨人树是否告诉了我们：人类在这个古老的世界上还是非常弱小的，这才是让我们惶恐的。毋庸置疑，我们死后，这个活着的世界仍会庄严地活下去，在这种必然性面前，谁还能进行什么顽强的抵抗呢？

（选自《大师[illegible]》，时代文艺出版社，2012年1月）

千秋评说

大自然并不沉默。我花园中的一朵普通的花帮助我想到一个真理。它对我说：“如果你理

解了我的诞生和成长，就会懂得生命的秘密。”（[荷]斯宾诺莎）

生命是一种语言，它为我们转达了某种真理；如果以另一种方式学习它，我们将不能生存。（[德]叔本华）

死叶消失于土壤中时，便渗透在森林的生命里了。（[印]泰戈尔）

今人一得

敬畏自然

◎ 詹克明

大自然既简单又复杂。像个朴素和蔼而又渊博深沉的学者，它深藏着自己博大精深的内涵，外表却又显得极为平易随和。天真的稚子也能如鱼得水地嬉戏其中；大字不识的山村老汉数着粗硬的手指也能对付。顺应自然的活法真的挺简单。但是当你试图探究它深层内里之秘密时，它一下子又显现出层层缠裹的错综复杂，你会感到它是那么深不可测，奥秘无穷。不论你钻透多少层，总归还有更深的一层谜把你兜住，你仍然不知道造成这更深一层“果”的“因”又是什么。人啊！凭你这点本事休想跳出“未知”罗网的盘丝洞。

人类祖先出于无知，对大自然充满着好奇、恐惧与困惑之感；当今一些科学巨匠出于对大自然的透辟理解，也被它那不可思议的美妙、庄严与精深所震撼。这两类人都对大自然存有一种发自内心的敬畏。

我们面对的永远是一个无限的大自然。无限就围拢在我们身边，繁英满地，俯拾皆是。不仅身居未知前沿的科学家要面对无限，我们每个人都避不开它。

不要以为未知都在离我们现实生活十分遥远的科学前沿，诸如宇宙起源、生命起源、黑洞、夸克、超弦……也许在我们身边，甚至在我们最为熟知的地方偏偏存在许多“谜洞”和“漏眼”。有时发现之后人们才领悟到它竟是一个激动人心的科学新天地，会令人类思维全部为之改观。

老子曰：“知其白，守其黑，为天下式。”倘若我们用白色表示人类已知，黑色表示人类未知，那么，在无限广阔的黑色背景中，我们人类只不过是在一块极其有限的局域中，疏疏地画了一些有限长度的白色线段。这些线段绝不可任意延长，稍作延伸即成谬误。这些线段之间交互连接，沟通了人类认识自然的“知识网络”。这些线段是无限细的“几何”线段，无论两条线段靠得多么近，它们之间仍旧“疏可走马”，仍旧可以容下无限多条新添的白色线段。

也许人类最大的未知就是——不知道什么是自己永远无法知晓的！这似乎是一个悖论，如果你确确实实已经知道了存在着这样一个领域，你对它就不再是一无所知。

（标题为编者所拟，文章有删节，选自《清澈的理性——科学人文读本》，上海教育出版社，2012年8月）

约翰·斯坦贝克：忠于理想，忠于自我

约翰·斯坦贝克生于加利福尼亚的一个中产阶级家庭，小时候生活在小镇、乡村和牧场，热爱乡野的自然风光。他熟悉社会底层的人们，他的一些作品就以他们为主人公，表现底层人的善良、质朴的品格，创造了“斯坦贝克式的英雄”形象。

50年代初，斯坦贝克离开加州迁居纽约，他认为：“战后的美国社会是富有了，但产生了一种厌倦情绪、一种消耗性的病态。”《烦恼的冬天》是斯坦贝克最后一部长篇作品，描写经过大学生活和第二次世界大战的洗礼，年轻而有头脑的伊桑满怀热情回到家乡，但他印象中人与人之间那种淳朴的关系，已随着生存竞争的压力难以找寻，伊桑只能用戏谑和自我嘲弄来掩盖内心的苦闷。然而，妻子的期待、儿女的埋怨，终于使他自我背叛。他向移民局告发了待他如亲人的

雇主，将雇主的店铺占为己有。他用计谋骗得了童年好友泰勒的地产，他甚至制服了狡诈的银行家。正当他得到一切的时候，原先鼓动他谋求私利的一个半娼半巫的女人也来要挟他……伊桑终于在利欲和良知的内心挣扎中醒悟。这部小说紧密联系现实生活，它从新的高度和深度上有力地揭露和抨击了当时社会的弊病、人与人之间关系的冷酷和人性遭到的歪曲。读者不必查考小说中所写是否实有其人、其事，借此仔细观察一下自己周围的邻里和探索一下自己的内心，倒是读书的真意。因为书中所写的，是那时美国社会的情景。它表现了作家对美国精神危机的忧虑，描写了社会道德的沦丧。

据说，有一次，当斯坦贝克看到西雅图葱郁的森林被推土机铲平，以建造迅速扩充的摩天大楼建筑群时，他写道："我很奇怪为什么人类的进步看起来像破坏。"他发现了一个值得反省的问题。他善于将生活的单纯喜悦与残酷而阴冷的对财富的贪欲作对比。在他的作品中，更多地表现了美国人对土地、荒野、山脉、海岸的伟大感情，这些成了斯坦贝克用之不竭的灵感和源泉。在诺贝尔文学奖获奖感言中，他说：“……考虑一下文学作者高度的义务和责任，文学不是由苍白柔弱、吹毛求疵的传教士们在他们空荡荡的教堂中吟唱祷告来传播的，它也不是教堂中入选主教和能量不足、绝望的、虚张声势的行乞僧侣们所玩的游戏。”

（标题为编者所拟，原题《不妨重读约翰·斯坦贝克》，文章有删节，选自《铜陵日报》2008年11月21日）

读民俗

【水煮青梅】在南方，每年五六月是梅子成熟的季节，《三国志通俗演义》中有“青梅煮酒论英雄”的典故。煮梅的方法很多，有用糖与梅子同煮或用糖与晒干的青梅混拌均匀，使梅汁浸出；也有用盐与梅子同煮或用盐与晒干的青梅混拌均匀，使梅汁浸出。北方产的乌梅在我国很有名气，将其与甘草、山楂、冰糖同煮，便制成了消夏佳品——酸梅汤。

元旦

◎ 迟子建

迟子建（1964—），作家，中国作协副主席。曾凭长篇小说《额尔古纳河右岸》获得第七届茅盾文学奖。

如果把节日也分个三六九等的话，那么元旦在中国人的节日中只能居于中游位置。它比不上火爆的除夕，也比不上中秋节、元宵节和端午节。中国的老百姓似乎更喜欢过那些只属于本民族的传统节日，它们除了伴有无穷无尽的神话传说外，还演绎出了一种饮食文化，如中秋节的月饼、元宵节的汤圆、端午节的粽子等。

也许是中国人更重视口腹之欲的缘故，这些有了经典性吃食的节日给人们带来了无尽的快乐和诗意。所以古代诗人吟咏中秋和元宵的诗作总多于对元旦的遐想，足见元旦在中国的节日中颇有落落寡合之意。

但元旦却是个世界性的节日。除却圣诞节，对元旦的庆祝可以说是全球都关注的。它也是个平等的节日，无论你何种国籍、种族、信仰，元旦都不会把你却之门外。只要你活着，那么它肯定会如期与你见面。

小孩子盼元旦，是因为他们的新牙还未长牢固，他们有无穷无尽的幻想等待实现；青年人也盼望元旦，那是因为他们觉得浑身有使不完的劲，渴望着新年会给他们性能良好的马达再加些油；中年人对元旦的来临持漠然态度，因为这往往是他们身心最疲惫的时期；至于老年人，我想没有谁会对元旦的降临欢欣鼓舞，因为增岁对他们来讲意味着减寿。

然而不管人们对它的态度如何，元旦总是心平气和地朝人们走来。它们兵分几路，有的去白雪飘飞的北方，隔着结有冰凌花的窗户对主人低声说一句“新年了”；有的去绿茵茵、湖光潋滟的江南，对着在田间劳作的农人温馨地道一声“新年了”；有的去茫茫的戈壁，追着牧人激越的马蹄声高喊“新年了”；还有的去沃野千里的中原，希冀那一声新年的问候能给寂寥的冬景涂上一抹生机。

元旦就这样来临了。

它们很善良地想把往年的苦难和不平统统关在一扇永不开启的门背后，让新的一年充满着阳光雨露、鸟语花香，岂料苦难和不平以强大的力量与它一同迈入新年的门槛，登堂入室。

也许是人们早已明白岁月不总是风和日丽吧，所以人们也不责怪它把不受人欢迎的东西又一次带来。人们在新年钟声落下后依然过着老日子，一年就这样朴素地开始了。

在我看来，元旦就像拍卖行的槌子，当它重重敲下、一锤定音后，我们只能看着岁月增长和流逝。

（选自《我的世界下雪了》，浙江文艺出版社，2016年7月）

富士山

◎［日］深田久弥

黎继德 译

深田久弥（1903—1971），小说家、游记作家。他曾遍访日本山岳，并一一写下随笔结集为《日本百名山》。本文描写日本第一名山富士山，有史有论，文质兼美。

日本人从儿童时代起就是唱着富士的歌、绘着富士的画成长的。人们也常将当地形态最美的山取名为某某富士。它是独一无二的高峰，总是被人作为最美、最著名、最神圣的东西的普通典型来例举。

世界各国有各自的名山，却没有像富士山这样代表一个国家、成为国民的精神财富的山。从昔日吟唱富士山“无法形容”的万叶起，我们日本人由富士培养出了多么丰富的情操。如果没有这座山，也许日本的历史都会走上另一条道路。

在这个小小的岛国，最可怕的就是火山爆

发了。在小岛鸟水氏津津乐道的关于富士的文章中，有这样一段话：“从山顶神社到海拔一万尺的等高线，形成了陡峭的角度，而从这里到正门、大宫町之间，一条线又斜垂在一望无际的天空。这条长长的线，悠扬飘逸，规模宏大，自由自在，无忧无虑，除了海洋的水平线以外，大概是我国肉眼可见的最长的一条线了。”

其实，不仅在我国，即便在世界范围内寻找，恐怕也难以发现这样的线条。顶峰海拔3776米，大宫口海拔125米，一条线一泻千里似的画出等高差，这样的例子在地球上也绝无仅有。

从富士山产生了“八面玲珑”这个词。无论从东西南北哪个方位看，其优美匀称的形状都没有变化。所有的山都各有千秋，并形成独特的魅力，而富士山则单单占了一个“大”字。我将它称为“伟大的通俗”。虽然小天才们会感到委屈：这样说殊无情趣，俗不可耐，但是，结果却不能不对伟大的通俗性缴械投降。

这是一种不玩弄小聪明的巨大的单纯。它面

对所有人。任何人也不拒绝，但是任何人也能掌握它的真谛。即便儿童也能描绘富士山，但要表现它的真实面貌，画坛巨匠也感到棘手。有的摄影家感叹道，一辈子只拍富士，却无满意之作；有的哲学家则凝视富士而思绪万千。

这座不过是从地面冒起来的巨大土块、大个儿的圆锥体山，却在什么地方显得那样神秘、那样复杂吧。富士山给所有的艺术家提供了无尽的素材。山部赤人唱道：“不尽高山入眼来，精神百倍无倦容。”芭蕉吟诵道：“云雾瞬息散，峰峦百景生。”大雅曾数次登上富士，每次都变换道路，从各个角度观察，创作了《芙蓉峰百图》。北斋也是富士的赞美者，有富岳三十六景中的杰作《凯风快晴》和《山下白雨》传世。梦窗国师则采用富士为园林的背景，北村透谷则在富岳发现了诗神。

富士山是大众的山。它为民谣小曲所歌唱，为狂歌、狂句所调侃，并始终为谚语和比喻所引用。报纸创刊号的头版一般都是富士的景色，冠有富士名字的商社、商品也不胜枚举。

富士山任人摄取，而又具有不容任何人侵犯的气势，永远耸立着巨大的身姿。

（文章有删节，选自《世界文学》1995年第5期）

我们天天走着一条小路

◎ 冯至

冯至（1905—1993），诗人、学者。20世纪20年代，冯至以诗集《昨日之歌》《北游及其他》登上诗坛，被鲁迅誉为“中国最杰出的抒情诗人”。

我们天天走着一条熟路
回到我们居住的地方；
但是在这林里面还隐藏
许多小路，又深邃，又生疏。

走一条生的，便有些心慌，
怕越走越远，走入迷途，
但不知不觉从树疏处
忽然望见我们住的地方，
像座新的岛屿呈在天边。
我们的身边有多少事物
向我们要求新的发现：

不要觉得一切都已熟悉，

到死时抚摸自己的发肤

生了疑问：这是谁的身体？

（选自《冯至全集》，河北教育出版社，1999年12月）

十月之歌

◎［德］施托姆

钱春绮 译

施托姆（1817—1888），诗人、小说家。在《十月之歌》中，他将一位乐观的精神斗士的形象演绎得骁勇而内敛，字里行间迸发出催人奋进的力量。

雾气升腾，落叶飘零；
让我们把美酒斟满！
我们要把灰色的日子
镀镀金呀，镀镀金。

基督教徒或是异教徒，
尽管在吵吵闹闹，
可是世界，美丽的世界，
却不会完全毁掉！

我们虽也会满心忧伤，
让我们碰杯作响！
我们知道，正直的心，

它绝对不会沦亡。

雾气升腾，落叶飘零；
让我们把美酒斟满！
我们要把灰色的日子
镀镀金呀，镀镀金！

纵是秋天，还请稍待，
不多久，春天就来！
那时，晴空含笑，
世间紫罗兰盛开。

将要出现蔚蓝的天，
趁它没消逝以前，
来吧！我的好友，
让我们尽情地享受一番！

（选自《施托姆抒情诗选》，湖南人民出版社，1987年9月）

《新经典》编选：龙昌黄 朱维 宁宝剑

古田会议永放光芒

一条清澈的小溪蜿蜒绕过错落有致的新房旧舍，走过窄窄灰灰的一段水泥路，两边是郁郁葱葱的福建柏，悠长宁静、庄严肃穆。

在这个雾霭氤氲的清晨，我走进古田，走进古田会址，寻访心中的圣地，渴望融入她的祥和与宁静。而这时静谧的晨曦里，袅袅炊烟伴着清新的空气，昭示着崭新的一天；声声鸡鸣犬吠如古老的歌谣，在小山村悠长回响。

我止住脚步凝神，“古田会议永放光芒”八个红色大字赫然映入眼帘。大字下，绿树掩映着一幢青砖黑瓦、飞檐翘角的古建筑，条石砌就的大门两边是一副对联——“学术仿西欧开弟子新知识，文章宗北郭振先生旧家风”，若推门进去，是否能领略到那神秘的似水流年？是深深庭院？还是寻常百姓家？

正是初夏时节，会址前农田里的禾苗郁郁葱葱，平展如毯，微风过处如碧波荡漾，就这样先静静伫立于门前，微眯双眼，一任心旌飘荡……是不是每个雾霭氤氲的清晨，都会有人也这样伫立，回首悠远的往事，忆起当年的峥嵘岁月？

踏过青石大门，进入宽敞的前院，再进入一道红色木门，就是古田会议旧址。会址保持了当年的陈设，六列学生桌椅陈旧而整洁，会场中心四根圆柱贴着纸质标语“中国共产党万岁”“反对机会主义”“反对盲动主义”“反对逃跑主义”。

会场最前方是由两张普通四方桌拼在一起的“主席台”，桌上摆了一把大壶和四个小茶碗，靠墙架着一块黑板，黑板上方中央排列着石印的马克思像和列宁像，再往上布置的长条的红色会标“中国共产党红军第四军第九次代表大会”已经被岁月冲洗得发旧发白。当年，毛泽东同志就是在这两张桌子拼成的主席台前代表前委作报告。站在桌前，轻抚着已微微发黑的木质桌面，我们回到了那次非同寻常的会议：正是寒冬腊月时节，闽西山区天寒地冻，一排排长木板凳上，一百二十多位代表济济一堂，除了毛泽东、朱德、陈毅等红四军的领导外，还有红四军各级党代表、士兵代表，以及来自闽西各地的干部代表、妇女代表。会场中间燃烧着数堆熊熊炭火，驱散了寒冷，温暖了与会者。会议连续举行了两天，先听取毛泽东、朱德、陈毅作报告，继而与会代表展开热烈讨论，最后通过了毛泽东起草的《中国共产党红军第四军第九次代表大会决议案》，即彪炳史册的“古田会议”决议。它从根本上解决了如何从加强党的思想工作着手，保持党的无产阶级先锋队性质和建设新型人民军队的根本问题。因此，古田被誉为铸造军魂的圣地。

创造历史的伟人已经远去了，只有眼前这座古色古香的建筑作为历史的见证人，还储存着当年的信息，向我们讲述着那一年冬天发生在这里的一切，历史在这里得到延续，得到发展。古田会议，成为我党建党建军史上的里程碑，陈列在古田的青山绿水间……

（标题为编者所拟，原题《走进古田会议会址》，作者钟华荣，文章有删改，选自《现代青年》2021年7月10日）

读民俗

【打泥巴仗】贵州黔东南自治州黎平县一带的侗族，在每年的芒种前后，也就是分栽秧苗的时节，会过一个青年男女欢乐嬉闹的“打泥巴仗”节。节日那天，新婚夫妇和亲朋好友一起来到田间插秧，插秧时，男女青年之间相互竞争，比谁动作快，场面非常热闹。秧苗插完，小伙子们会故意向姑娘们身上甩泥巴。姑娘们当然也不示弱，会共同发起反击。身上泥巴最多的，就是最受青睐的人。

柏林的红与黑

德国首都柏林是红色和黑色的结合体。她一方面记录着鲜红的帝国往事，一方面凝视着自己黑色的教训。象征美好的红与代表沉痛的黑交织纠葛在一起，书写着柏林的独特史诗。

红色的柏林是美丽和乡愁

在市中心，两条河道交汇处形成一座小岛。1830年，为了满足柏林人艺术品向公众开放的要求，这座小岛上建起了第一座博物馆（现为柏林旧博物馆）。随后又陆续诞生了普鲁士皇家博物馆（现为柏林新博物馆）、国家画苑（现为国家艺术画廊）、腓特烈国王博物馆（现为博德博物馆）和佩加蒙博物馆。由于博物馆的聚集，这座小岛便被命名为“博物馆岛”。

从陈列角度上看，佩加蒙博物馆是五座馆中

最具吸引力的一座。该馆的镇馆之宝并非某个石刻、壁画或是出土文物，而是一座长33米、宽35米的大型大理石祭坛——佩加蒙祭坛。古代中东地区的佩加蒙王国曾兴盛一时，德国考古学家在19世纪发现了这个王国的祭坛遗址，不惜花费大量人力物力将其复原。同样复原的还有古巴比伦北城门，甚至包括当时的街道。

与佩加蒙博物馆的展陈理念不同，新博物馆不追求复原。在第二次世界大战中，博物馆岛遭受重创，70%遭到了毁坏，其中又以新博物馆损失最大。战后，尤其是两德统一后，新博物馆获得了重生。不过，这次重生并非把博物馆粉饰一新，而是保留了战后破损的样貌。对我们来说，参观博物馆不仅能够从展陈中获得历史知识，更可以从博物馆自身的变迁和经历中理解一个民族的命运。

自博物馆岛建造伊始，博物馆不再只是单纯的艺术品或考古文物的收藏地，还逐渐成为民族文化和国家认同的教育基地。博物馆本身的历史和故事也成为爱国主义和集体信仰的教材。这种意义上的博物馆深深影响着后世的建馆理念。所以，现代博物馆的雏形，就在博物馆岛上。

柏林的红色记忆是无法躲避的。大街上，身着旧制服，贩卖老胸章，或是吟唱老歌曲的人比比皆是。他们都在利用怀旧的魔力来招揽游客。这样的怀旧在柏林颇有市场，一方面，老一辈的民主德国人大都有浓厚的社会主义情结，在经济萧条的今天，许多人会被激发出一股乡愁之情；另一方面，来自外国的游客对这种符号式的叫卖更感兴趣。

黑色的柏林是沉重与凝思

柏林墙是每一个德国人的惨痛回忆，同一座城市，同一群人，却因一道墙相隔了数十年，许多人因此付出了生命的代价。虽然大部分墙体已经消失，但柏林人有幸保留了其中一些段落，还能够时不时去墙边“凭吊”一下自己的青春岁月。柏林墙上的涂鸦质量曾经非常高，其艺术价值甚至不亚于博物馆里展陈的当代画作，但因为疏于保护，许多颇具特色的涂鸦早已不见，那段历史似乎在下一代人的手中换了面貌。

在市中心，柏林人不仅要体会悲伤的冷战记忆，还不得不面对更加黑暗的“第三帝国兴亡史”。秘密警察总部原址陈列着从“盖世太保”诞生之日起直至纳粹统治灭亡的系列图片，讲述了纳粹政权如何通过非人性的手段钳制反对者和普通人民。一张张黑白照片背后是德国人深刻的反思。

其实，如果你在柏林的大街上一路走来，穿过柏林墙、查理检查站、秘密警察旧址、犹太纪念碑等地，你会发现，在近一个世纪的日子里，柏林人几乎没有过正常的社会生活。正因如此，这里的人们依旧保持着高度的警醒，他们生活在历史中，但没有被历史的枷锁束缚。

红与黑的柏林，红得有品位，黑得有味道。

（作者夏村儿，文章有删节，选自《中国青年报》2012年8月24日）

《边走边读》编选：朱维 宁宝剑

《文献中的百年党史》

中央党史和文献研究院第二研究部主任、研究员李颖依据党的重要文献，选取了100个重大事件，全面反映党的不懈奋斗史、理论探索史和自身建设史，着重讲述时代英雄和普通人物的感人故事，点面结合，串联起中国共产党百年奋斗历程。

1945年4月23日下午，七大在延安杨家岭中央大礼堂开幕。大礼堂的会场，布置得庄重、简朴、喜庆。主席台正中，矗立着毛泽东、朱德的巨幅画像，六面鲜红的党旗分插两旁。主席台上方，悬挂着红底白字的“中国共产党第七次全国代表大会”会标，格外醒目。会标上方的正中，挂着一幅马克思、恩格斯、列宁、斯大林的画像。主席台最上方的石拱上，“在毛泽东的旗帜下胜利前进”十二个红色美术字，与会场后面毛泽东题写的“同心同德”四个大字，烘托出大会的主题。主席台两侧，分别挂着缀字红色灯芯绒布幛：“以马列主义理论与中国革命实践之统一的毛泽东思想作为党的一切工作的指导方针”；“为群众谋利益、谋解放是党的根本宗旨，一切为群众、走群众路线是党的一切工作的出发点”。台前还摆放着多盆从山里采集来的野生花草。会场两边的墙上，各安装着3个“V”字形的旗座，每个旗座插有4面共24面党旗。“V”字形表示革命胜利之意，24面旗帜象征中国共产党24年的奋斗历程。同时每个旗座上还钉有一个标语牌，上书：“坚持真理，修正错误。”会场内一排排条形木椅摆放整齐，代表们随意坐满各处。

6月11日，七大举行闭幕式，通过了新党章。确立毛泽东思想为党的指导思想并写入党章，是七大的历史性贡献。刘少奇在关于修改党章的报告中指出：“毛泽东思想，就是马克思列宁主义的理论与中国革命的实践之统一的思想，就是中国的共产主义，中国的马克思主义。”

毛泽东思想这一科学概念的形成，经历了一个过程。1941年3月，党的理论工作者张如心用了“毛泽东同志的思想”的提法。1942年7月1日，朱德发表文章指出：“我们党已经积累下了丰富的斗争经验，正确地掌握了马列主义的理论，并且在中国革命的实践中创造了指导中国革命的中国化的马列主义的理论。”陈毅则在文章中比较全面论述了党运用马克思主义解决中国革命问题的新创造，指出毛泽东在革命实践中创立了“正确的思想体系”。1943年7月5日，王稼祥在《中国共产党与中国民族解放的道路》一文中，首先使用“毛泽东思想”这个概念，指出“毛泽东思想就是中国的马克思列宁主义”。与此同时，刘少奇号召全党“用毛泽东同志的思想来武装自己”。

（摘自李颖《文献中的百年党史》，学林出版社）

《大国之城：中国城市经济与治理现代化》

媒体人秦朔通过近几年实地走访调研，选取长三角、珠三角，以及贵州、河南和北大荒等代表性区域的经济和文明发展实例，从资本、社会文明、营商环境、技术创新等维度，展现区域发展的前沿成果，洞察推动其发展的内在基因和核心竞争力，探讨当前区域发展的新变化、新问题和新趋势，为读者了解中国区域经济格局的变化发展和宏观趋势贡献了新视角。

政府和市场、企业、社会有着不同的功能和作用，不能互相代替，而应有“一臂之距”，这是毫无疑问的。而且我们始终要警惕政府不按经济规律，热衷参与到本应由市场主体决定的竞争性行为中。但政府参与是不是“越少越好”？恐怕也不尽然。

大量采访启示我，政府和市场、企业、社会之间可以互相促进、融合、共济，可以发生一种“嵌入”的关系，而不是“对抗”的关系。当然，它们之间也有互相制约和博弈的关系。

政府和市场、企业、社会的关系，是动态演进的。在政府权力高度集中、行政性配置资源非常僵化的时代，就需要“放”，放权，放活，放开，“无为而治”，无事不扰。而逢百年未遇之大变局，增加“有为而治”的成分，就是势所必然。有为而治，不是“收”，不等于管制回归，而是通过响应式服务，加上战略性牵引，引导资源更高效地配置，以提升全要素劳动生产率。产业在变，技术在变，商业模式在变，消费者在变，国际环境在变，在变革中，需要服务型政府，也需要有企业家精神的变革型政府。

在我看来，以经济建设为中心的政府也是一种“经济人”。“两个经济人”在中国是一种真实的存在，政府在很多时候同样富有企业家精神。在大数据时代，政府有可能掌握更充分的信息，从而做出更有利于长远可持续发展的决策。同时，政府不是只要把市场规则和政策定好就万事大吉了，因为政府也是环境营造的主体，而环境营造是进行时，永无止息。招商引资的项目的服务也是进行时，不断变化，需要不断响应。

在国与国、地方与地方的新时代的竞争中，纯粹靠单个企业的自发创造已经不够，需要整合各种资源，创造各种配套条件，培育新的产业形态，促进高质量发展。这对政府行为的一致性也提出了更高要求，政府要诚信践诺，要“一张蓝图绘到底”。

从对地方政府行为的观察中可以看到，政府不仅是经济增长的助推者，也是体制机制改革创新的探索者，还是发展质量的守护者。政府对企业也不只是激励，同时还有约束。

（摘自秦朔《大国之城：中国城市经济与治理现代化》，浙江大学出版社）

《地球正义宣言——荒野法》

作为法理学的一个新分支，“大地法理学”（即

“荒野法”）从20世纪末开始兴起，其关注的焦点是如何在人和大地的关系中建立起解决人和大地关系的法律规范。环境保护主义者科马克·卡利南立足生态法学维度，深刻反思单一且弊端丛生的传统法律治理手段，呼吁回归“大地法理”。

我提笔的此刻，开普敦的夏天刚刚开始。花园是绿地的调色板，柔软的新叶在微风中发出轻轻的沙沙声，水塘中聚满了小蝌蚪，小鸟们正在练习飞翔。这是一个生机盎然的宁静之所，为负载着各种计划、期限、噪音和压力的狂躁世界带来了幸福和快乐。我们知道，这些都源自于我们的亲身经历。古老而智慧的传统，及先贤们也都说到了参与生命循环的满足感，以及庆祝自己成为这一奇妙生命共同体成员的喜悦。然而，主宰21世纪初叶的法律、政治、经济，以及教育等方面的文明制度，都被设计成了开发和恶化这个世界及其人民的工具。世界各地复杂的维生关系之网，在对公司利润和GDP增长等抽象理想的追求中走向破裂。

为了让生态可持续文明重新出现，有必要按

照自然之法调整我们的法律制度。自然之法被用于界定所有非人类对象，以及可合法开发和交易财产的公司之外的对象。现今，我们必须要给人类和机构赋予尊重地球共同体其他成员的法定义务，将他们视为享有参与自然进程和维护彼此关系的、拥有不可剥夺权利的主体。这就要求法律和治理应当以新型的生态中心主义哲学，即地球法理为基础。

我们需要的不只是一种地球法理，而是许多种地球法理，它们臣服于普遍的宇宙原则，承认并回应生态和文化多样性。

荒野自然本身就是地球法理的“大学”。我受到伟大的学者，托马斯·贝里的深刻影响，他曾说过：我们应当将荒野视为一切生命真正生发的根源。正是产生本能活动的创造力之源，使所有生物获得了食物，找到了庇护所，生出了幼小生命，并翱翔天际，游过深海，愉快地唱歌、跳舞。这是事物相同的内在趋势，唤起了诗人的想象力、艺术家的画技和萨满巫师的神力。

而正是这种美丽的原始荒野力量，才使我们

认识到，自己拥有如同地球共同体最具天赋的成员一样的全部潜力，同时也引导我们的治理制度和文明走向复兴。

（摘自[美]科马克·卡利南《地球正义宣言——荒野法》，商务印书馆）

《书香》编选：龙昌黄

激越悠扬文武场

京剧里有歌有舞，故需音乐伴奏，乐队由文武场组成。一般来说，文场伴歌，武场伴舞。但二者不是截然分工，而是互相联系、互相配合，相辅相成的。

文场，包括京胡、京二胡、月琴（以上俗称三大件）、小三弦、秦琴、阮、笛子、唢呐等。这些乐器除了伴唱之外，还要根据剧情需要演奏相应的曲牌，如“小开门”“朝天子”“柳青娘”“夜深沉”等。

京剧伴唱的主要乐器是胡琴，但早期却用过笛子。

胡琴一词，顾名思义乃胡人之琴，是我国古代西北少数民族的乐器，经过了历代的改进，成了今天的样子。月琴是因“其形似月，其声合琴”而得名。它参与京剧伴奏，不但增加了唱腔的力度，而且富于跳跃性，显得活泼、流畅。

辛亥革命以后，艺术大师梅兰芳在旦角戏中加进了京二胡，配合京胡伴奏，使得琴音悠扬动听，二者相得益彰，情趣盎然，使人物的音乐形象更加细腻鲜明。此后逐渐推广，一直沿袭至今。

武场，包括板鼓、大锣、铙钹、小锣、堂鼓等，为我国戏曲普遍使用。除了根据剧情需要，演奏一定的“点子”之外，还有成套的“干牌子”，如[水底鱼][四边静]，以及与文场合奏的“浑牌子”，如[泣颜回][五马江儿水]等。板鼓系场面之核心，司鼓者有着乐队指挥的作用。板又称“檀板”，是两块硬木制成，以左手摇击，发声清脆，其用途是掌握节拍，每击一下即为一板（强拍）。鼓俗称“单皮”，因其一面蒙皮而得名，又称“羯鼓”，可见也是从古代少数民族乐器中衍化而来的。鼓楗可用来点眼（轻拍），每击一下为一眼。二者配合可掌握演唱时的板眼尺寸，疾徐、轻重，统一于此。

若单纯伴奏动作，则放下檀板而用双楗合击，统领大锣、铙钹、小锣等合奏，尤其是伴奏武打，金鼓齐鸣，激越奔放，气势磅礴，变化万千。这也说明戏曲来自民间，最初是在广场演出的，经过了一个漫长的阶段，才进入了剧场。

随着京剧艺术的发展，京剧文武场也有了显著的变化，一些新编历史剧，尤其是在表现现代生活的剧目中，加进了交响乐队，使京剧音乐更加丰富、充实。无论是文场，还是武场，在演奏上都有很多革新和创造。

（标题为编者所拟，原题《激越悠扬的文武场》，作者马铁汉、于文青，文章有删节，选自《京剧的魅力》，百花洲文艺出版社，2009年9月）

《艺术欣赏》编选：朱维 宁宝剑

图书在版编目（CIP）数据

读有所得．129/《读有所得》编辑部编．—长沙 ：湖南文艺出版社，2022.1（2022.6重印）
ISBN 978-7-5726-0528-4

Ⅰ．①读… Ⅱ．①读… Ⅲ．①社会科学—通俗读物 Ⅳ．①C49

中国版本图书馆 CIP 数据核字（2021）第 274575 号

读有所得·129

Du You Suo De

中共湖南省委宣传部指导

《读有所得》编辑部编

出 版 人：陈新文
监　　制：曾昭来
责任编辑：吕苗莉　匡杨乐　谢朗宁
编　　选：龙昌黄　朱维　宁宝剑
责任校对：艾宁
装帧设计：萧睿子
封面绘画：肖国华

湖南文艺出版社出版、发行
（湖南省长沙市雨花区东二环一段 508 号 邮编：410014）
网 址：www.hnwy.net
湖南省新华书店经销　湖南省众鑫印务有限公司

2022 年 1 月第 1 版 第 1 次　2022 年 6 月第 2 次印刷
开 本：787 mm×1092 mm 1/32
印 张：3.25
字 数：45 千字
书 号：ISBN 978-7-5726-0528-4
定 价：10.00 元

《读有所得》编辑部
联系电话　0731-85983069　官方邮箱　duyousuode@sina.com
官方微博　https：//weibo.com/duyousuode

本社邮购电话：0731-85983015
若有印装质量问题，请直接与本社出版科联系调换